Celebration of Life

In Loving Memory of

_____

_____

_____

_____

_____

Guests

Name _____

_____

_____

Contact Infos _____

_____

_____

Thoughts & Memories _____

_____

_____

_____

_____

_____

Name _____

_____

_____

Contact Infos _____

_____

_____

Thoughts & Memories _____

_____

_____

_____

_____

_____

Guests

Name _____

_____

_____

Contact Infos _____

_____

_____

Name _____

_____

_____

Contact Infos _____

_____

_____

Thoughts & Memories _____

_____

_____

_____

_____

Thoughts & Memories _____

_____

_____

_____

_____

Guests

Name _____

_____

_____

_____

Contact Infos _____

_____

_____

Thoughts & Memories _____

_____

_____

_____

_____

_____

Name _____

_____

_____

_____

Contact Infos _____

_____

_____

Thoughts & Memories _____

_____

_____

_____

_____

_____

Guests

Name _____

_____

_____

Contact Infos _____

_____

_____

Name _____

_____

_____

Contact Infos _____

_____

_____

Thoughts & Memories _____

_____

_____

_____

_____

_____

Thoughts & Memories _____

_____

_____

_____

_____

_____

Guests

Name _____

_____

_____

Contact Infos _____

_____

_____

Thoughts & Memories _____

_____

_____

_____

_____

_____

Name _____

_____

_____

Contact Infos _____

_____

_____

Thoughts & Memories _____

_____

_____

_____

_____

_____

Guests

Name _____

_____

_____

Contact Infos _____

_____

Name _____

_____

_____

Contact Infos _____

_____

Thoughts & Memories _____

_____

_____

_____

_____

Thoughts & Memories _____

_____

_____

_____

_____

Guests

Name _____

_____

_____

Contact Infos _____

_____

_____

Name _____

_____

_____

Contact Infos _____

_____

_____

Thoughts & Memories _____

_____

_____

_____

_____

Thoughts & Memories _____

_____

_____

_____

_____

Guests

Name _____

Contact Infos _____

Thoughts & Memories _____

Name _____

Contact Infos _____

Thoughts & Memories _____

Guests

Name _____

Contact Infos _____

Thoughts & Memories _____

Name _____

Contact Infos _____

Thoughts & Memories _____

Guests

Name _____

_____

_____

Contact Infos _____

_____

_____

Name _____

_____

_____

Contact Infos _____

_____

_____

Thoughts & Memories _____

_____

_____

_____

_____

_____

Thoughts & Memories _____

_____

_____

_____

_____

_____

Guests

Name _____

Contact Infos _____

Thoughts & Memories _____

Name _____

Contact Infos _____

Thoughts & Memories _____

Guests

Name _____

_____

_____

Contact Infos _____

_____

_____

Name _____

_____

_____

Contact Infos _____

_____

_____

Thoughts & Memories _____

_____

_____

_____

_____

_____

Thoughts & Memories _____

_____

_____

_____

_____

_____

Guests

Name _____

Contact Infos _____

Thoughts & Memories _____

Name _____

Contact Infos _____

Thoughts & Memories _____

Guests

Name _____

_____

_____

Contact Infos _____

_____

_____

Name _____

_____

_____

Contact Infos _____

_____

_____

Thoughts & Memories _____

_____

_____

_____

_____

Thoughts & Memories _____

_____

_____

_____

_____

Guests

Name _____

Contact Infos _____

Thoughts & Memories _____

Name _____

Contact Infos _____

Thoughts & Memories _____

Guests

Name _____

_____

_____

Contact Infos _____

_____

_____

Name _____

_____

_____

Contact Infos _____

_____

_____

Thoughts & Memories _____

_____

_____

_____

_____

Thoughts & Memories _____

_____

_____

_____

_____

Guests

Name _____

_____

_____

Contact Infos _____

_____

_____

Name _____

_____

_____

Contact Infos _____

_____

_____

Thoughts & Memories _____

_____

_____

_____

_____

Thoughts & Memories _____

_____

_____

_____

_____

Guests

Name _____

_____

_____

Contact Infos _____

_____

_____

Thoughts & Memories _____

_____

_____

_____

_____

Name _____

_____

_____

Contact Infos _____

_____

_____

Thoughts & Memories _____

_____

_____

_____

_____

Guests

Name _____

Contact Infos _____

Thoughts & Memories _____

Name _____

Contact Infos _____

Thoughts & Memories _____

Guests

Name _____

_____

_____

Contact Infos _____

_____

_____

Name _____

_____

_____

Contact Infos _____

_____

_____

Thoughts & Memories _____

_____

_____

_____

_____

_____

Thoughts & Memories _____

_____

_____

_____

_____

_____

Guests

Name _____

_____

_____

Contact Infos _____

_____

_____

Name _____

_____

_____

Contact Infos _____

_____

_____

Thoughts & Memories _____

_____

_____

_____

_____

Thoughts & Memories _____

_____

_____

_____

_____

Guests

Name _____

_____

_____

Contact Infos _____

_____

Name _____

_____

_____

Contact Infos _____

_____

Thoughts & Memories _____

_____

_____

_____

_____

Thoughts & Memories _____

_____

_____

_____

Guests

Name _____

Contact Infos _____

Thoughts & Memories _____

Name _____

Contact Infos _____

Thoughts & Memories _____

Guests

Name _____

_____

_____

Contact Infos _____

_____

Name _____

_____

_____

Contact Infos _____

_____

Thoughts & Memories _____

_____

_____

_____

_____

Thoughts & Memories _____

_____

_____

_____

_____

Guests

Name _____

_____

_____

Contact Infos _____

_____

_____

Name _____

_____

_____

Contact Infos _____

_____

_____

Thoughts & Memories _____

_____

_____

_____

_____

_____

Thoughts & Memories _____

_____

_____

_____

_____

_____

Guests

Name _____

_____

_____

Contact Infos _____

_____

_____

Name _____

_____

_____

Contact Infos _____

_____

_____

Thoughts & Memories _____

_____

_____

_____

_____

_____

Thoughts & Memories _____

_____

_____

_____

_____

_____

Guests

Name _____

Thoughts & Memories _____

_____

_____

_____

_____

Contact Infos _____

_____

_____

_____

Name _____

Thoughts & Memories _____

_____

_____

_____

_____

Contact Infos _____

_____

_____

_____

Guests

Name _____

_____

_____

Contact Infos _____

_____

_____

Name _____

_____

_____

Contact Infos _____

_____

_____

Thoughts & Memories _____

_____

_____

_____

_____

_____

Thoughts & Memories _____

_____

_____

_____

_____

_____

Guests

Name _____

_____

_____

_____

Contact Infos _____

_____

_____

Thoughts & Memories _____

_____

_____

_____

_____

_____

Name _____

_____

_____

_____

Contact Infos _____

_____

_____

Thoughts & Memories _____

_____

_____

_____

_____

_____

Guests

Name _____

_____

_____

Contact Infos _____

_____

_____

Thoughts & Memories _____

_____

_____

_____

_____

_____

Name _____

_____

_____

Contact Infos _____

_____

_____

Thoughts & Memories _____

_____

_____

_____

_____

_____

Guests

Name _____

Contact Infos _____

Thoughts & Memories _____

Name _____

Contact Infos _____

Thoughts & Memories _____

Guests

Name _____

_____

_____

Contact Infos _____

_____

_____

Name _____

_____

_____

Contact Infos _____

_____

_____

Thoughts & Memories _____

_____

_____

_____

_____

Thoughts & Memories _____

_____

_____

_____

_____

Guests

Name _____

Contact Infos _____

Thoughts & Memories _____

Name _____

Contact Infos _____

Thoughts & Memories _____

Guests

Name _____

_____

_____

Contact Infos _____

_____

_____

Name _____

_____

_____

Contact Infos _____

_____

_____

Thoughts & Memories _____

_____

_____

_____

_____

Thoughts & Memories _____

_____

_____

_____

_____

Guests

Name _____

Contact Infos _____

Name _____

Contact Infos _____

Thoughts & Memories _____

Thoughts & Memories _____

Guests

Name _____

_____

_____

Contact Infos _____

_____

_____

Name _____

_____

_____

Contact Infos _____

_____

_____

Thoughts & Memories _____

_____

_____

_____

_____

_____

Thoughts & Memories _____

_____

_____

_____

_____

Guests

Name _____

_____

_____

Contact Infos _____

_____

Name _____

_____

Contact Infos _____

_____

Thoughts & Memories _____

_____

_____

_____

Thoughts & Memories _____

_____

_____

_____

Guests

Name _____

Contact Infos _____

Thoughts & Memories _____

Name _____

Contact Infos _____

Thoughts & Memories _____

Guests

Name _____

_____

_____

Contact Infos _____

_____

_____

Name _____

_____

_____

Contact Infos _____

_____

_____

Thoughts & Memories _____

_____

_____

_____

_____

Thoughts & Memories _____

_____

_____

_____

_____

Guests

Name _____

_____

_____

Contact Infos _____

_____

_____

Name _____

_____

_____

Contact Infos _____

_____

_____

Thoughts & Memories _____

_____

_____

_____

_____

Thoughts & Memories _____

_____

_____

_____

_____

Guests

Name _____

_____

_____

Contact Infos _____

_____

_____

Name _____

_____

_____

Contact Infos _____

_____

_____

Thoughts & Memories _____

_____

_____

_____

_____

Thoughts & Memories _____

_____

_____

_____

_____

Guests

Name _____

Contact Infos _____

Thoughts & Memories _____

Name _____

Contact Infos _____

Thoughts & Memories _____

Guests

Name _____

Thoughts & Memories _____

_____

_____

Contact Infos _____

_____

_____

Name _____

Thoughts & Memories _____

_____

_____

Contact Infos _____

_____

_____

Guests

Name _____

_____

_____

Contact Infos _____

_____

_____

Name _____

_____

_____

Contact Infos _____

_____

_____

Thoughts & Memories _____

_____

_____

_____

_____

_____

Thoughts & Memories _____

_____

_____

_____

_____

_____

Guests

Name _____

_____

_____

Contact Infos _____

_____

_____

Name _____

_____

_____

Contact Infos _____

_____

_____

Thoughts & Memories _____

_____

_____

_____

_____

Thoughts & Memories _____

_____

_____

_____

_____

Guests

Name _____

_____

_____

Contact Infos _____

_____

_____

Name _____

_____

_____

Contact Infos _____

_____

_____

Thoughts & Memories _____

_____

_____

_____

_____

_____

Thoughts & Memories _____

_____

_____

_____

_____

Guests

Name _____

Contact Infos _____

Thoughts & Memories _____

Name _____

Contact Infos _____

Thoughts & Memories _____

Guests

Name _____

_____

_____

Contact Infos _____

_____

_____

Name _____

_____

_____

Contact Infos _____

_____

_____

Thoughts & Memories _____

_____

_____

_____

_____

_____

Thoughts & Memories _____

_____

_____

_____

_____

_____

Guests

Name _____

Contact Infos _____

Thoughts & Memories _____

Name _____

Contact Infos _____

Thoughts & Memories _____

Guests

Name _____

_____

_____

_____

Contact Infos _____

_____

_____

Name _____

_____

_____

_____

Contact Infos _____

_____

_____

Thoughts & Memories _____

_____

_____

_____

_____

_____

_____

Thoughts & Memories _____

_____

_____

_____

_____

_____

_____

Guests

Name _____

_____

_____

Contact Infos _____

_____

_____

Name _____

_____

_____

Contact Infos _____

_____

_____

Thoughts & Memories _____

_____

_____

_____

_____

Thoughts & Memories _____

_____

_____

_____

_____

Guests

Name _____

_____

_____

Contact Infos _____

_____

_____

Name _____

_____

_____

Contact Infos _____

_____

_____

Thoughts & Memories _____

_____

_____

_____

_____

_____

Thoughts & Memories _____

_____

_____

_____

_____

_____

Guests

Name _____

_____

_____

Contact Infos _____

_____

_____

Name _____

_____

Contact Infos _____

_____

_____

Thoughts & Memories _____

_____

_____

_____

_____

_____

Thoughts & Memories _____

_____

_____

_____

_____

_____

Guests

Name _____

_____

_____

Contact Infos _____

_____

_____

Name _____

_____

_____

Contact Infos _____

_____

_____

Thoughts & Memories _____

_____

_____

_____

_____

Thoughts & Memories _____

_____

_____

_____

_____

Guests

Name _____

Contact Infos _____

Name _____

Contact Infos _____

Thoughts & Memories _____

Thoughts & Memories _____

Guests

Name _____

_____

_____

Contact Infos _____

_____

_____

Name _____

_____

_____

Contact Infos _____

_____

_____

Thoughts & Memories _____

_____

_____

_____

_____

Thoughts & Memories _____

_____

_____

_____

_____

Guests

Name _____

_____

_____

Contact Infos _____

_____

_____

Name _____

_____

Contact Infos _____

_____

_____

Thoughts & Memories _____

_____

_____

_____

_____

Thoughts & Memories _____

_____

_____

_____

_____

Guests

Name _____

_____

_____

Contact Infos _____

_____

_____

Name _____

_____

_____

Contact Infos _____

_____

_____

Thoughts & Memories _____

_____

_____

_____

_____

Thoughts & Memories _____

_____

_____

_____

_____

Guests

Name _____

_____

_____

Contact Infos _____

_____

_____

Thoughts & Memories _____

_____

_____

_____

_____

Name _____

_____

_____

Contact Infos _____

_____

_____

Thoughts & Memories _____

_____

_____

_____

_____

Guests

Name _____

Contact Infos _____

Thoughts & Memories _____

Name _____

Contact Infos _____

Thoughts & Memories _____

Guests

Name _____

_____

_____

Contact Infos _____

_____

_____

Name _____

_____

_____

Contact Infos _____

_____

_____

Thoughts & Memories _____

_____

_____

_____

_____

_____

Thoughts & Memories _____

_____

_____

_____

_____

_____

Guests

Name _____

_____

_____

Contact Infos _____

_____

_____

Thoughts & Memories _____

_____

_____

_____

_____

_____

_____

Name _____

_____

_____

Contact Infos _____

_____

_____

Thoughts & Memories _____

_____

_____

_____

_____

_____

Guests

Name _____

_____

_____

Contact Infos _____

_____

Name _____

_____

_____

Contact Infos _____

_____

Thoughts & Memories _____

_____

_____

_____

_____

Thoughts & Memories _____

_____

_____

_____

_____

Guests

Name _____

_____

_____

Contact Infos _____

_____

_____

Name _____

_____

_____

Contact Infos _____

_____

_____

Thoughts & Memories _____

_____

_____

_____

_____

Thoughts & Memories _____

_____

_____

_____

_____

Guests

Name _____

_____

_____

Contact Infos _____

_____

Name _____

_____

_____

Contact Infos _____

_____

Thoughts & Memories _____

_____

_____

_____

_____

Thoughts & Memories _____

_____

_____

_____

_____

Guests

Name _____

_____

_____

Contact Infos _____

_____

_____

Name _____

_____

_____

Contact Infos _____

_____

_____

Thoughts & Memories _____

_____

_____

_____

_____

_____

Thoughts & Memories _____

_____

_____

_____

Guests

Name _____

Contact Infos _____

Name _____

Contact Infos _____

Thoughts & Memories _____

Thoughts & Memories _____

Guests

Name _____

_____

_____

Contact Infos _____

_____

_____

Name _____

_____

_____

Contact Infos _____

_____

_____

Thoughts & Memories _____

_____

_____

_____

_____

Thoughts & Memories _____

_____

_____

_____

_____

Guests

Name _____

_____

_____

Contact Infos _____

_____

_____

Name _____

_____

_____

Contact Infos _____

_____

_____

Thoughts & Memories _____

_____

_____

_____

_____

_____

Thoughts & Memories _____

_____

_____

_____

_____

_____

Guests

Name _____

_____

_____

Contact Infos _____

_____

_____

Name _____

_____

_____

Contact Infos _____

_____

_____

Thoughts & Memories _____

_____

_____

_____

_____

Thoughts & Memories _____

_____

_____

_____

_____

Guests

Name _____

Contact Infos _____

Thoughts & Memories _____

Name _____

Contact Infos _____

Thoughts & Memories _____

Guests

Name _____

_____

_____

Contact Infos _____

_____

_____

Thoughts & Memories _____

_____

_____

_____

_____

_____

Name _____

_____

_____

Contact Infos _____

_____

_____

Thoughts & Memories _____

_____

_____

_____

_____

Guests

Name _____

_____

_____

Contact Infos _____

_____

_____

Name _____

_____

_____

Contact Infos _____

_____

_____

Thoughts & Memories _____

_____

_____

_____

_____

Thoughts & Memories _____

_____

_____

_____

_____

Guests

Name _____

_____

_____

Contact Infos _____

_____

_____

Thoughts & Memories _____

_____

_____

_____

_____

Name _____

_____

_____

Contact Infos _____

_____

_____

Thoughts & Memories _____

_____

_____

_____

Guests

Name _____

_____

_____

Contact Infos _____

_____

_____

Name _____

_____

_____

Contact Infos _____

_____

_____

Thoughts & Memories _____

_____

_____

_____

_____

_____

Thoughts & Memories _____

_____

_____

_____

_____

_____

Guests

Name _____

_____

_____

Contact Infos _____

_____

_____

Name _____

_____

_____

Contact Infos _____

_____

_____

Thoughts & Memories _____

_____

_____

_____

_____

Thoughts & Memories _____

_____

_____

_____

_____

Guests

Name _____

_____

_____

Contact Infos _____

_____

_____

Thoughts & Memories _____

_____

_____

_____

_____

_____

Name _____

_____

_____

Contact Infos _____

_____

_____

Thoughts & Memories _____

_____

_____

_____

_____

_____

Guests

Name _____

_____

_____

Contact Infos _____

_____

_____

Name _____

_____

_____

Contact Infos _____

_____

_____

Thoughts & Memories _____

_____

_____

_____

Thoughts & Memories _____

_____

_____

_____

Guests

Name _____

_____

_____

Contact Infos _____

_____

_____

Name _____

_____

_____

Contact Infos _____

_____

_____

Thoughts & Memories _____

_____

_____

_____

_____

_____

Thoughts & Memories _____

_____

_____

_____

_____

_____

Guests

Name _____

_____

_____

Contact Infos _____

_____

_____

Name _____

_____

_____

Contact Infos _____

_____

_____

Thoughts & Memories _____

_____

_____

_____

_____

Thoughts & Memories _____

_____

_____

_____

_____

Guests

Name _____

Contact Infos _____

Thoughts & Memories _____

Name _____

Contact Infos _____

Thoughts & Memories _____

Guests

Name _____

Thoughts & Memories _____

Contact Infos _____

Name _____

Thoughts & Memories _____

Contact Infos _____

Guests

Name _____

_____

_____

Contact Infos _____

_____

_____

Thoughts & Memories _____

_____

_____

_____

_____

_____

Name _____

_____

_____

Contact Infos _____

_____

_____

Thoughts & Memories _____

_____

_____

_____

_____

_____

Guests

Name _____

_____

_____

Contact Infos _____

_____

_____

Name _____

_____

_____

Contact Infos _____

_____

_____

Thoughts & Memories _____

_____

_____

_____

_____

Thoughts & Memories _____

_____

_____

_____

Guests

Name _____

_____

_____

Contact Infos _____

_____

_____

Name _____

_____

_____

Contact Infos _____

_____

_____

Thoughts & Memories _____

_____

_____

_____

_____

_____

Thoughts & Memories _____

_____

_____

_____

_____

_____

Guests

Name _____

_____

_____

Contact Infos _____

_____

_____

Thoughts & Memories _____

_____

_____

_____

_____

Name _____

_____

_____

Contact Infos _____

_____

_____

Thoughts & Memories _____

_____

_____

_____

_____

Guests

Name _____

Contact Infos _____

Thoughts & Memories _____

Name _____

Contact Infos _____

Thoughts & Memories _____

Guests

Name_____

_____

_____

Contact Infos_____

_____

_____

Name_____

_____

_____

Contact Infos_____

_____

_____

Thoughts & Memories_____

_____

_____

_____

_____

Thoughts & Memories_____

_____

_____

_____

_____

Guests

Name _____

_____

_____

Contact Infos _____

_____

_____

Name _____

_____

_____

Contact Infos _____

_____

_____

Thoughts & Memories _____

_____

_____

_____

_____

_____

Thoughts & Memories _____

_____

_____

_____

_____

_____

Guests

Name _____

_____

_____

Contact Infos _____

_____

_____

Thoughts & Memories _____

_____

_____

_____

_____

_____

Name _____

_____

_____

Contact Infos _____

_____

_____

Thoughts & Memories _____

_____

_____

_____

_____

_____

Guests

Name _____

Contact Infos _____

Thoughts & Memories _____

Name _____

Contact Infos _____

Thoughts & Memories _____

Guests

Name _____

_____

_____

Contact Infos _____

_____

_____

Name _____

_____

_____

Contact Infos _____

_____

_____

Thoughts & Memories _____

_____

_____

_____

_____

Thoughts & Memories _____

_____

_____

_____

_____

Guests

Name _____

Contact Infos _____

Thoughts & Memories _____

Name _____

Contact Infos _____

Thoughts & Memories _____

Guests

Name _____

_____

_____

Contact Infos _____

_____

_____

Name _____

_____

_____

Contact Infos _____

_____

_____

Thoughts & Memories _____

_____

_____

_____

_____

Thoughts & Memories _____

_____

_____

_____

_____

Guests

Name _____

_____

_____

Contact Infos _____

_____

_____

Thoughts & Memories _____

_____

_____

_____

_____

_____

Name _____

_____

_____

Contact Infos _____

_____

_____

Thoughts & Memories _____

_____

_____

_____

_____

_____

Guests

Name _____

_____

_____

Contact Infos _____

_____

_____

Name _____

_____

_____

Contact Infos _____

_____

_____

Thoughts & Memories _____

_____

_____

_____

_____

Thoughts & Memories _____

_____

_____

_____

_____

Guests

Name _____

_____

_____

Contact Infos _____

_____

_____

Name _____

_____

_____

Contact Infos _____

_____

_____

Thoughts & Memories _____

_____

_____

_____

_____

Thoughts & Memories _____

_____

_____

_____

_____

Guests

Name _____

_____

_____

Contact Infos _____

_____

_____

Thoughts & Memories _____

_____

_____

_____

_____

Name _____

_____

_____

Contact Infos _____

_____

_____

Thoughts & Memories _____

_____

_____

_____

_____

Guests

Name _____

_____

_____

Contact Infos _____

_____

_____

Name _____

_____

_____

Contact Infos _____

_____

_____

Thoughts & Memories _____

_____

_____

_____

_____

Thoughts & Memories _____

_____

_____

_____

_____

Guests

Name _____

_____

_____

Contact Infos _____

_____

_____

Name _____

_____

_____

Contact Infos _____

_____

_____

Thoughts & Memories _____

_____

_____

_____

_____

Thoughts & Memories _____

_____

_____

_____

_____

Guests

Name _____

_____

_____

Contact Infos _____

_____

_____

Thoughts & Memories _____

_____

_____

_____

_____

_____

Name _____

_____

_____

Contact Infos _____

_____

_____

Thoughts & Memories _____

_____

_____

_____

_____

_____

Guests

Name _____

_____

_____

Contact Infos _____

_____

_____

Name _____

_____

_____

Contact Infos _____

_____

_____

Thoughts & Memories _____

_____

_____

_____

_____

Thoughts & Memories _____

_____

_____

_____

_____

Guests

Name _____

_____

_____

Contact Infos _____

_____

_____

Thoughts & Memories _____

_____

_____

_____

_____

Name _____

_____

_____

Contact Infos _____

_____

_____

Thoughts & Memories _____

_____

_____

_____

_____

Guests

Name _____

_____

_____

Contact Infos _____

_____

_____

Name _____

_____

_____

Contact Infos _____

_____

_____

Thoughts & Memories _____

_____

_____

_____

_____

Thoughts & Memories _____

_____

_____

_____

_____

Guests

Name _____

Contact Infos _____

Thoughts & Memories _____

Name _____

Contact Infos _____

Thoughts & Memories _____

Guests

Name _____

_____

_____

Contact Infos _____

_____

_____

Name _____

_____

_____

Contact Infos _____

_____

_____

Thoughts & Memories _____

_____

_____

_____

_____

_____

Thoughts & Memories _____

_____

_____

_____

_____

_____

Guests

Name _____

_____

_____

Contact Infos _____

_____

_____

Thoughts & Memories _____

_____

_____

_____

_____

Name _____

_____

_____

Contact Infos _____

_____

_____

Thoughts & Memories _____

_____

_____

_____

_____

Guests

Name _____

Contact Infos _____

Thoughts & Memories _____

Name _____

Contact Infos _____

Thoughts & Memories _____

Made in the USA
Monee, IL
02 January 2025